AF275706

PATERNACIÓN

PATERNACIÓN

PEDRO MARTÍN AGUILAR

Valparaíso
EDICIONES

Número 408 de la Colección VALPARAÍSO DE POESÍA
dirigida por FEDERICO DÍAZ-GRANADOS

Diseño de la colección: Chari Nogales
Imagen de portada: Carmen Guarner

Primera edición: febrero de 2024

© De los poemas: Pedro Martín Aguilar

© Valparaíso Ediciones
C/ Fray Leopoldo, 7 bajo, 18014 Granada
www.valparaisoediciones.es

ISBN: 978-84-10073-24-1
Depósito Legal: GR 91-2024

Impreso en España - *Printed in Spain*
Gráficas Gami

PATERNACIÓN

La paternidad amorosa no parece tener muchos representantes, ni mucho prestigio literario. Los poetas no abordan el tema, y la academia igualmente lo ignora. Vale la pena preguntar por qué.
MANUEL IRIS

POESÍA PATERNAL

I

Aquí muere mi nombre monolítico.
Aquí nace mi muerte dual.
Aquí gesto un yo de incertidumbre:
no
sé
si
esta es mi vez última
—última vez llamada mía—
con vida de escribir y de escribirme.
Quisiera continuar, pero es la ginecóloga:
ya nace nuestro hijo
y su llanto no se escucha en el poema.

II

El patriarcado ha cercenado la ternura
como posibilidad poética escrita por hombres
MANUEL IRIS

Lo confieso: no sé
qué poeta enseña a ser buen padre,
Neruda calla al respecto
y Paz testosteronamente. Pegan
a sus musas, en el coito
lo lírico atropella lo real.
La poesía masculina es la censura
de los hijos que riman
~~con violencia~~. En vano leí
los clásicos, hice berrinche
a los déspotas canónicos, no quedan
hombres para cuidar desde la tinta.
Nunca los hubo. Nosotros mismos
castramos su vergüenza inédita.

Lauras, Beatrices, Gonorreas, *et al.*
¿Un sátiro supercantor
no las preñaría? O es que el chisguete
violador del juglar
era estéril y narcisista. Ocultan
las obras reunidas de chamacos
que engendró su vanguardismo.
Allá ellos. Qué triste —o no—
que el Eros megalómano termine
donde moja el arraigo. Otros libreros

debo explorar, donde las madres
escriben su pena sin pena, su amor
con amor. Y su miedo con raíces.

Pero, si algún otro padre como yo,
tiene fiebre en la conciencia
y manos de saliva en el cariño,
no lo dudes, dame la lengua,
aprendamos
de ellas, amamantemos
estancia, que el coautor
del tejido no huya al crepúsculo
y que su pluma sirva
de juguete mientras cambia los pañales.

Lo confieso: no sé
bajo qué tradición cobijarme. Yo
aclamo el descabezamiento
de la tal incertidumbre. La misma
zozobra mímica, hijo, con que te cantaré
un poema con fallas tectónicas
a nombre de un padre
pirómano de hombría.

PATERNACIÓN

1. Criar(se) en lo distinto.
2. Ilusión masculina de embarazarse.
3. Un padre que hace del amor a su hijo —y a la madre de su hijo— su patria verdadera.

Diccionario de la Irreal Academia de la Lengua Transversal

PRUEBAS DE EMBARAZO

I

Tiene que haber un útero en mi cráneo.
Si no, ¿a qué vienen los pequeños pasos
del inquilino de mi pensamiento?

Hay una habitación nueva
en el hotel de paso de mi mente
de la cual no tengo llave. *Amor,*
me dice ella, *tócame la panza,*
me dio una patadita, pero a mí no
me habitan como a ti,
el relámpago en mi vientre
es angustia y nada más.

Tiene que haberlo, hijo, porque te siento
aquí, pero la anatomía del padre
es ausente en la materia.

Me acaricio la frente con las manos
—le canturreo al bulto de migraña—
como ella a nuestro hijo pez
cada noche en su alberca de la carne,
los dedos en su ombligo ya saltón:
te imito, mujer,
toco la grieta de mi hueso frontal
(¿lobo, estás ahí?)
el huequito que dejó la varicela
como si fuera el surco

humeante de tu abdomen, en busca
del codazo, el hipo, la patada
que lo confirmen: la hinchazón
de mi nuca masculina, la llave
que me abre

en sílaba de tres: también el padre
lo está, también. Tengo
un útero decible que por fin
ha dejado de callar.

II

Al padre le faltan pruebas
de la actividad volcánica
de los primeros síntomas.

Yo no sentí, hijo, la punzada
del vómito auroral, tampoco
mastiqué hielo
para que no te derritieses por la boca
de tu madre, en su resaca abstemia
de murmuraciones fólicas.
Yo no tuve que exhibir mis temores
a los terroristas obstétricos.
No, hijo, tú llegaste a mí
como Atila a las piernas de Roma:
a quien más quería
dejaste anegada y en los huesos,
le chupaste el sol, le hincaste
las encías a las ubres de la edad.
Pero te quise. Pero te quiero. Yo
supe de ti en la prueba de la orina,
que no me pertenece. Yo supe de ti
en el ultrasonido, que tampoco.
El nahual rojo de tu almendra
ha echado raíces
intocables adentro. Te toco
a balbuceos, te pongo el nombre
del enigma, mi cabeza
se queda sin espacio
de todos los tiliches de pensarte.

Miente quien dice que los padres
no sienten, no sufren, no cargan
la flama frutal del hijo
que también bebe de ellos.
Nuestro embarazo no va por la médula:
se infla en la oración estrellada
de una lengua que nos lame sin decirnos.

Somos el sujeto que lo tácito reescribe.

Soy yo quien aprende el idioma
preñado. Yo quien digo: en este
cojincito de mis sienes, puedes, hijo,
dormir hasta que los tres destellemos.

III

Tienen útero mis sueños:
el agua que me acuna
cada noche sísmica

al nacer adherido al pálpito
que ronronea bajo las sábanas,
la sangre moldeada en el cántaro
que duplica los genes de la voz.
Me pego a ti, querida, duermo
en ilusión fetal
y toda tu carne me ovilla
en una carne bicéfala y gigante
que hace de la cama, el cuarto y
la pared una misma
branquia que acontece.

Luego, por la mañana, zurcidos
—mi mejilla a tu cólico,
tu hambre a mi aliento,
mi náusea a tu náusea—,
un sol umbilical
corta el flujo siamés:
nos devuelve a nuestros cuerpos

pero de noche fuimos uno
que ha incubado la luz.

IV

Al padre le faltan pruebas
del llanto invisible de los fetos.

Me separo —la hombría es separarse—,
vuelvo a los cuarteles del reloj,
prostituyo mis tímpanos
con padrastros huérfanos
—prepárate, me dicen, ya no tendrás
el tiempo que nosotros ni quisimos—
y, cuando el miedo me aleja de ti,

ajolote gestado en la presencia,
la tinta amniótica devuelve
mi corazón al tuyo de la página,
mi extrañeza de mí
a nuestra cesta de tú.

Si tu madre labora para hornearte
—la levadura del mañana
bulle a altas temperaturas—,
yo me parto

en esta línea negra
para alumbrar el presente del plural,
para cargar tu nombre entre mis dientes.

VARÓN

Hoy nos han dicho que tu sexo
podría enquistarse en la férula
de la dominación, *¡es un niño!*, dijo la doctora,
es lo que todos quieren, ¿no? Que sean

fuertes, y más si es el primero,
erguirá con orgullo
su puño de tinieblas,
veneren el blasón
del cetro microscópico, no nace todavía
y hereda ya el harem
que tiene por derecho. Negamos
esta gramática séptica,
la ley fálica que el hijo
está llamado a decretar. Pero la culpa
penetra: paz agujereada
de saber que no tendremos —o eso pensamos—
una hija, cuidarla
cuando vaya, regrese, esté
en el parque, mujercita con muñecas
de extorsión. No tendremos
a la pequeña vikinga, pero está en mí
que no sea alarma protegerla
del acoso legislado de este hijo.

Empiezo conmigo: freno
la máquina virus
de un reino de terror que me corona

sin desearlo. Desde niños
nos dan el mundo entre las ingles
y a la madre a su sombra arrodillada.
Desde niños ahorcamos con el léxico
del libro que desprecia a las mujeres.
Hijo, chapotearás entre las niñas
y niños que te quieran,
borraré las virgulillas
tóxicas del primogénito, igual que yo
hago con las mías, como tu madre hizo
con el doncel que se aventó

por exceso de heredad. Llora
libre y niñamente, pelea
como niña que comete regicidio, aprende
de tu madre en la batalla equitativa
y de tu padre en la tersura
de otra forma de abdicar. Nos aturde
el filo de la lucha: tan difícil
amar en un mundo
que daña con la hebilla del deseo.
Ponte una falda en la cabeza
y gatea el respeto desnudo. Estas palabras
crecen en ti, nunca te faltarán
los nombres extranjeros del cariño.

Hijo, jugarás con nosotros
en el bosque feroz de diferencias
donde entierres las viriles garrapatas
que los barrotes de la cuna ya anidaron
y cultives las amigas del sueño.

No estarás solo. Los hombres
se burlarán de ti —como de mí se burlaron—,
pero te lo prometo: en los poemas
—en la vida dura y titilante—
que transites con mamá
y sus distintas iguales
no se esparcirá la gangrena
del macho en que crecí y al que destierro.

Los varones no nacemos así,
pero todo en el reino nos reclama
al trono seductor de la barbarie;
yo no te diré, hijo,
que te unas a las filas que no vuelven
de una guerra que se escurre
por la falda partida de tu madre
ni que seas el héroe de una patria
que oculta con tu sangre

la matria de la hermana
que tienes: la otra esquina
de tu cuerpo jeroglífico.

OPINIONES NO SOLICITADAS

La vida te va a cambiar, es lo mejor
que te puede haber pasado, pero la vida
te va a cambiar, es lo peor

que te puede haber pasado. Uy,
ya te amarraron, ni modo, toma
este mandil, dice: *un hijo es un milagro de*
[ponga el nombre que quiera], y tú que creías
que tu esposa, virgen, ya no era. Lupita,
desde el Tepeyac, lo dicta: *sacrifícate*
por el hijo, maternidad se llama el sacrificio, sangre,
sangre, paternidad se llama [palabra desconocida]
bueno, tampoco vayas a ser uno de esos

nuevos padres, ¿eh? Tu esposa se encarga,
tú ni te preocupes: como si nada, ven
con nosotros, hay chupe, hay viejas, hay
—hay que ser un padre solvente, ¿eh?
nada de vivir de becas, de poesía, aire,
aire es lo que me falta, así que deja de pensar
solo en ti, no se autoriza el trauma, despídete
de tus sueños y del sueño, despídete
de hacer lo que te gusta, es un infierno
en vida, tu vida por fin es bella, le diste
sentido a esta familia, nos salvaste
de abortarnos a nosotros, ¡menudo semental!
¡Al mes de casados! Magnífico, pendejo,
vendiste tu libertad, sentaste cabeza,

es lo que queríamos, por fin eres
un hombre, un hombre atado, ya no tienes
sangre, sangre, empieza a ahorrar
para la colegiatura, dinero es tu cariño,
la mujer aguanta a los hijos, sangre,
sangre, ¿por qué quieres ayudarla? Búscate
una nuevecita, una de repuesto, sangre,
haz lo que decimos, sangre,
escucha un buen consejo

me dicen, con labios cobardes
y ojos bombardeadamente abiertos.

CRISIS

I

Después de la noticia en llamas
—después del aquelarre de la luna—
quedan las cenizas
taquicárdicas del fuego:

¿cómo chingados hacerle?

El futuro se incendia
en la cuenta bancaria, llevaron a cremar
traumas traspapelados, la terapeuta
deberá calcinar su teoría
porque hoy nos chamusca lo práctico.

No hay tiempo
para lágrima fogón ni
catarsis estallida. No hay
sino nueve rosarios candentes
con la cuenta atrás
del fin del mundo
de prueba.

II

Cumplí los dichosos treinta
y yo ni al caso. Estábamos
en la Expo Tu Bebé y Tú —madres
que mal te miran, padres
que tanto las celan—, me endeudaban
nórdicos bambinetos —cuánto vocabulario
en la cajuela del coche nos trajimos—
cuando, con un ojo en la oferta
del esterilizador de mamilas, y otro
en los pañales *eco-friendly*, el tercero
vio el calendario: es hoy
mi cumpleaños, he sido

reemplazado del papel protagónico
de mi vida. No lo lamento: es
extraño el vagabundeo
por los suburbios de lo que fue
mi película personal. Recojo la basura
que por años fui dejando
—cuántas ideas y pocas trituradoras—,
levanto la esquirla de mí mismo
que refleja un trono vacante.
Cómo reciclarme en buen papá
si mi historia fue arrojada a las afueras
por un nonato reyezuelo.

III

Llevo a rastras un éxodo, inocuo
como el prefacio de ultramar
hace treinta capítulos de octubre:
el hecho apenas irritante
de que mi vientre no sea hotel
cinco estrellas de Pangea evolutiva.

Ser padre es exiliarse
en la busca mamífera de sí.
Yo sé, hijo, que tú eres la tierra
prometida donde mi rostro
se mezcle con los cantos
rodados de una costa esférica.
Pero no sé llegar a ti
porque quebré la brújula del yo,
las clases de natación con mi padre
las daba el salvamuertes del olvido.

Brinco al cárnico satélite
de tu madre, pero el salto

que a tu planeta conduce
pone en órbita el ausente
padrenuestro de los cien
cumpleaños de soledad. En la extrañeza
debo amarte, conocerme
ondulatorio y fisura bestial.
Ser padre es alienarse

de los imanes de la posesión.
Estoy roto. Eso me place: soy
el árbol que a fuerza de resistir
hizo del viento su corteza. Nado ya
sin cómo saber, pataleo el ahogamiento
porque la grieta es sabiduría
de un tiempo remado por instinto.

Hacer de las dudas
una bandera sin nación:
el insomnio
de tu venida, hijo, tú que siempre estuviste
en la herida pavorosa de mi hiel.
Hacer de la crisis
tres cuerpos que enceguezcan el futuro.

Mi retrato destazado sirve,
hijo, a tu tibia glaciación. Enseñas
que la senda a la patria sumergida
se bifurca en los treinta
exilios anhelantes
de un padre que bucea el desconcierto.
Hacer de la crisis
otra más, una que fulgure.

PATRIA

1. Alucinación del nido.
2. Libertad de crianza en cualquier suelo —o agua— que se sueñe.
3. El lenguaje donde se paterna para que el hijo se nutra de su matria.

Enciclopedia Onírica de las Comunas Errantes

GESTACIÓN

Siempre va la tierra por dentro.
Toco el cuerpo gestante de mi esposa
en busca de un origen diferido.
Te siento, hijo. Un tallo en el océano.
Al otro lado del Atlántico —un mar se abre
entre mi vientre baldío
y el de ella—, tres décadas al otro lado

yo nacía en tierras extranjeras.
Ser padre es encariñarse del exilio.
El amor tiene el nombre del éxodo:
hijo, sé de ti, pero no soy yo
quien te lleva. Ser padre es afincarse
en la entrañable extranjería.
Toco el cuerpo gestante de mi esposa
en busca de una tierra inaplazable.
Te siento, hijo. Siembro tu océano
y quieres que vivamos sobre el mar.

A UN PADRE QUE LLAMARON PIEDRA

Para el mío

I

Mi nombre desciende de padres apedreados
que, a fuerza de anonimia, se llamaron igual.
El tatarabuelo, aquel que se perdió
en busca del amor en las vías del tren
—roto el honor entre las grietas—;
el bisabuelo, el carpintero áspero
que no desclavó los ataúdes
sino de momias ricas y fragantes
—su lápiz no pudo dibujar
una nación entre las lajas—;
mi abuelo, constructor de los aviones
que no le dejaron volar, una viruta
le perforó el ojo derecho
a los trece, era la fábrica que holló
la arena azul de su niñez: ojos
que nadie heredará, el cielo
de posguerra que aún sigue volando
su ceguera de hélices y lápidas.

Ninguno ha dejado el pueblo.
Sus fantasmas aúllan a las piedras.
Mi nombre desciende de una patria
furtiva, adoquinada en su rumor.

II

Mi padre se supo diferente, por eso
le pusieron el mismo
nombre de aspereza, el primogénito
debía ser fuerte, pégale
a tu hermano, pero no
mordió la losa: un enclenque
de lentes cerrados y ojos caídos;
en su mundo de dólmenes alados
leía femeninamente
la historia novelada del escape.

Mi padre traicionó a mi abuelo, eso
se traduce en estudiar
Filología, ¿qué son esas mariconadas?!
eso se traduce
en cuarenta años de culpa,
treinta de exilio
y un cáncer de riñón en las palabras.

Mi padre voló
en avión lejos del pueblo, quiso
saber tanto —leer, leer tanto—
que solo más allá del mar
levantó la vida de los libros,
dejó en nota a los pies de mi madre
un códice de cariño y de tristeza.

Mi padre estudia el habla

de una ciudad que no lo entiende
porque él no puede permitírselo:
en la boca lleva una piedra
que solo crece en el pueblo,
en la lengua una tierra perdida
cuya patria es el silencio.

Mi padre me puso su nombre
sin saber que yo, a sombra suya,
usaría el adjetivo endeble
como máscara de un hombre
apocado y piedra ígnea. Imité
sus ritos de torpeza, el pánico
de quien no sabe el idioma
de los golpes, me golpearon
y yo no devolví, como a él debieron hacerle
en el aula de curas y soldados.
Imité incluso su desprecio
hacia el cariño. Él, que quiere más
que más que muchos hombres,
que se ha condenado al ardor
desde las runas del sigilo.
El pecho de mi padre es una piedra
que late, que late a su pesar.

Nuestros labios sostienen el fósil
de los nombres sedientos.
Yo también bebo el nombre de las piedras.

Un tiempo no quise a mi padre
—eran días de voz testicular

y desfiles de sangre en cuello—
pero ahora duermo
su nombre con el mío: el abrazo
que sé que nunca nos daremos.

III

En el nombre se inscribe la dureza
de una roca que late levemente,
padre, erosionado en el mutismo
de una estirpe de tímidos telúricos.

IV

Mas no todas las piedras soportan el exilio.
Llega un día en que
el ancestro secarral y el regaño
sílex del abuelo
friccionan cuerpos abrasivos
y el padre gesta un cáncer represor.
Llega un día en que la patria
a su muerte nos enrola.

¿Extrañaste, papá, el aire pétreo
de esa tierra que tampoco te quiso?
No lo sacaste, te bebiste
todo el silencio en el hijo
necrosado de tu expósito riñón,
papá, guardaste tanto
tu llorería, tanto te guardaste
que, en la cruz del quirúrgico,
gritaste el anverso de tu nombre: agua,
agua, por favor, me suplicaste,
te di agua, quité la piedra de tus labios
y la puse en mi apellido. Algo
del tumor de tu vida
debió quedar conmigo: desde entonces,
cuando tengo miedo
y no quiero admitirlo,
mis entrañas dan a luz
una familia de cálculos renales
que jalan del gatillo de mi nombre.

La patria se afila con mis vísceras.

Papá, tú y yo tenemos la tutela compartida
de un pedregal de pipí
que amordaza su derrumbe. Tú y yo
rompamos la litiasis
que parió nuestro hueco,
abramos el grifo y que fluya
la piedra que somos, papá, tiempo pómez
para que tu nieto flote con el mar.

V

Hace más de cinco meses arrojé
mi último cálculo renal. Recogerlo
del fondo de la taza, pulirlo,
quererlo —se gestó con dolor—,
guardarlo en la repisa
con las otras colecciones. No ponerle
nombre esta vez: mi esposa me ha dicho
que está embarazada,
hemos decidido terminar

con las piedras de la estirpe. Hijo,
terso durazno, suave
hoja
que vuela, tú no
te llamarás como los muertos
de un otoño escarpado. Tu nombre
no retiene los copos de la voz, tampoco
el calcio de la risa, mucho menos
la sangre, la sangre. Tu nombre
viajará por donde quiera, estados y exterminios
temerán tu andar sinónimo
de las piantes luces del caudal.

Tu abuelo me ayudará a cuidarte.
En mi voz despeñada,
él soñará los cuentos
que yo te añoro, Sandokán y Phileas Fogg,
Obélix, Sherezade, todos

en torno a la fogata de tu cuna,
vueltos a la vida
en la página donde tu abuelo
dejó abierta mi niñez,
porque nadie me ha querido
tanto, debes saberlo, la literatura él
me la dio, patria verdadera
de los nacidos en dos
cuartillas fabulosas del océano.

PATRIA DE AQUÍ

I

La niñez es la patria verdadera
de quien no se supo la letra del himno
porque escuchaba a los insectos.

Crecimos en una colonia
limbo —Coapa, donde la mujer es
también perseguida—: a medio
camino entre el panteón
vivo del extrarradio y
el monopolio cultural de
Roma, Condesa y otras
exclusivas. A medias
la nación: nunca entenderé
la congoja en las tardes de domingo
que se pegaba al óxido del subibaja
mientras un pasto mal cortado
—heces de perros y licántropos—
me daba alergia de la vida.

Mi infancia son recuerdos
de un patio inexistente
en un departamento del FOVISSSTE
donde florecían los moretones
que un niño no debe tener.
Mi infancia es el rechazo
de un país que no era mío
porque nací en otro que tampoco.

Mi infancia es la lectura
con las criaturas ágrafas del muro,
el pasadizo piquín
donde los eucaliptos iluminados
de feria en la Alameda del Sur
conducían al bosque de Lothlórien
porque había un mal que destruir.

Libertad se llamaba mi abuela,
ven, mijo, tómate
un sorbito de tequila, máscale
una valentía al chile verde,
a ver si así
te defiendes de los que te pegan,
los ocasos teñidos de chamoy
en que los capos de la escuela
—niñas bien y niños peor—
morían bajo el manto de pipián.

Un amigo único
brotó de las páginas sudadas
del confidente Tolkien:
habríamos ido de la mano
como novias poderosas y bellas
si el escupitajo de los futbolistas
no fuera ácido en el paredón.

La niñez es la patria verdadera
de quien retoza con la nube
tupida de su soledad, el niño
lector, que prefiere, pese a todo,

un barrio alucinado y de papel
fuera de los libros
litúrgicos que le hacían adorar
el rugir carnicero del cañón.

II

Los niños de mil novecientos noventa y
nada fundamos
la ciudad de las serpientes
en el lago del águila suicida.
Nos amábamos con la violencia
de Gokú en pantallas hirvientes
y Britney dando aullidos
amordazados, llorábamos diarrea
después de comer en McDonald's
porque en la cajita feliz
no salía el juguete del futuro.

Fuimos los niños transgénicos
de aquella panda de divorciados
que le daba cáncer de pueblo.
Nos persignaron abundancia
—el retiro soñado en la almohada de Dios—
mientras quemaban todos los océanos.

Habríamos dejado en alto
—si nos lo hubieran permitido—
el nombre de una raza
que no velaba por nosotros: el
once de septiembre del dos mil
y nadie los adultos demolieron
las torres que nos iban a elevar
fuera de este mundo. Desde entonces
vagamos cual pokebolas sin relleno

—pero ya nos atamos los tenis y
llevamos al kínder al gato—,
porque no hay vástagos que releven
a los padres del síncope que somos.

Nosotros: padres sin hijos
de un tiempo que alguien subastó
previo pago por evento. Somos
los padres de los niños
que no hemos dejado de ser

y que nunca olvidaremos
la promesa que enciende nuestra cripta:
la playa virgen del mañana
donde no llega el crimen del sargazo.

III

Ese era el reglamento del sistema.
Y olvidar que la Tierra es una sola,
olvidar el derecho a ser errante
sin ser interrogado en una línea.

BEN CLARK

Tenemos miedo de tenerte, hijo,
en un país que planta cuerpos
para que no se escapen de su tierra.

Tememos a las banderas
(púas que ondean);
ponen muros a la sangre
ansiosa de vivir en el mar.

Tememos a los países: todo
miembro fantasma —todo
intestino flotante—
nos ata a los altares de la muerte
y arranca el musgo de tu parto.

La niñez es la patria verdadera
pero cómo darte, hijo, una infancia
libre de los gases del pendón
si en tu acta de sacrificio
te piden que hagas ya la fila
para tramitar el capricho de ser.
Cómo dártela, hijo, si los batallones

destetados se alistan hoy
en guarderías atrincheradas.

No le daré un soldado a este país
porque le leeremos un refugio
en los cuentos de la sal,
porque las puertas de esta casa
se abren con los besos de la tierra
sin la peste de los hombres.

Y si un día vienen por ti
—siempre agrede la Normalidad—
estarás ya lejos, habrás dado la vuelta
al estuario de tu mente, cabalgarás
el velero de tu errancia
con rumbo a las islas ambulantes
que ningún imperio ha manoseado.
Hijo, cuando vengan por ti
—siempre llama a filas el Orden—
no voltees, déjanos
con la laringe sedentaria
y despliega las velas de tu aliento
que sopla con recuerdo de tus padres.

Una noche, tu barca llegará
a las selvas de músicas y elfos
que tu madre y yo te dimos: es
el texto sin escudo de la patria
movediza en el choque del Atlántico.

A UNA MADRE QUE LLAMARON MUNDO

Para la mía

I

Tu historia es la de todas las mujeres
que no aman en su casa. Como tantas,
tenías dos turnos: el aula mocosa
del niño que pateó tu pubertad
y la casa del padre
que te hizo las ofrendas de una esclava.
Cuidabas a tus hermanos
porque eras la mujer, no fueran a romperse
las uñas que usaban para herirse
en aquellas trincheras del futbol.
Volviste la cocina —mole boreal
que maquillaba tus penas—
una frontera chilaquil
donde tu sazón te cuidaba. Aprendiste
de tu mamá, aquella poblana
que escapó del cilicio de las monjas
pero que cuarenta años después
no lo haría del aliento alcohólico
de un microbús. Te quedaste sola,
madre, cuando tu madre
echó a escobazos a aquel padre
que dijo no creer en la familia
porque tenía dos. Dos turnos
para ti y para ella: había que seguir engordando
a los hermanos hijos
que dormían con los puños hambrientos.

II

Qué bueno que lo hiciste: te fugaste
al otro lado del Atlántico, buscabas
un país donde no
matasen a tu amigo homosexual.
¿Lo conseguiste? Ahorraste
tu vida de liberta y tus años
dorados por la espuma
de un sol chueco y un aire extraterrestre.

Llegaste al Madrid de jeringuillas
para inyectarte sanación,
roqueaste castidades paternales
con la cintura del desvelo
y la protesta verde del sudor,
chamarras de cuero y colillas de novios
en un bar que ya no existe.
Te imagino, mamá, bailando en Lavapiés
sin que nadie pisase tu sombra,
los libros bajo el brazo y la eternidad
guardada en el vaquero, los aparadores
donde el futuro reflejaba
un juramento de yodo y de cerveza.

Cuánto me hubiera gustado
fumar contigo en la nevada
de un Retiro de focos extasiantes, allí
donde no se oye la crianza del miedo.
Cuánto me hubiera gustado

conocerte, cosmonauta veinteañera,
en tus días de cristales y ambulancias,
antes, antes mucho
de que otros podasen tu aventura.

III

Madrid-Ciudad de México, 1991

Hay algo de lo que me siento culpable,
mamá: mi nacimiento
confinó tus exploraciones
a la cama que empolla los relámpagos.
Seguiste estudiando, lo sé, mi padre
te ayudaba y juntos
conjuraban el horror de las banderas.
Pero suplicaste volver
a las mullidas quijadas
del hogar. Tu madre te habló por teléfono
y ¿cómo un bebé tan lejos
de su patria sangrienta?! La sangre
llama cuando la vida se abre

en mitad del oleaje inextinguible.
Me diste la luz
en un Madrid que tuyo ya no era:
pensabas en tu madre y en la madre
perfecta a la que te debías. Desde entonces
me preguntan qué soy
porque de dónde no se sabe:
en el DNI que no me dejan tener
soy el ciudadano espectral
de un país en guerra bajo el agua.

55

Mi nacionalidad: el avión
en que me trajiste al mes de nacido
y que no ha dejado de volar.
Luego llegaría mi padre —un año
tarde por la propina de las becas—,
aquí les dirían Malinche y Cortés,
el águila los devoraría
hasta trincharlos en el cactus que son
y la viruela aduanal
nos pintaría los pasaportes
con la llaga tricolor
que marca a los traidores. Crecí
en una ciudad que hacía recordarme
el privilegio de mi piel
y el miedo que le tengo. Yo no
ni mi madre
ni mi padre
éramos de aquí, ni tampoco
de allá: nuestras clavículas
germinan en el Atlántico.

IV

El amor de mi madre flameó
la calle de la noche
en que mataron a su madre. Ya no te culpo,
mamá, de la flaqueza
con que crecí. Bajo tu falda trepé
las flores de la angustia. Tu vientre
fue la marcha polar
del lucero de las migrantes, pero la muerte
tapió los faros
con locura en redondez. Mi hermana
casi se cae

por el abismo empalagoso
de un cadáver maternal.

A las madres las vuelven un mundo
hecho para otros, panza devocional
donde ya casi no se escuchan
los trenes de su aorta emancipada.

Descansa, descansa ya, sueña
los amoríos y el riesgo
de aquella urbe soltera. Descansa de ser madre
ahora que viene tu nieto —a la Venus
de Willendorf le taló el rostro
el hacha de sus pechos—. Ya no
te entregues al amor agonizante,
no te inmoles, mamá,

aléjate de la estufa
donde horneas la perfección
de una mártir. Dame tu frío,
el de ese octubre en que nací
(inclemencia, raudos vientos)
y ahora acampo en su estupor.

PATRIA DE ALLÁ

I

El fetiche del edén es el verano
en los spas primermundistas
—la envidia en los desagües de riqueza—
donde al niño que a ratos sigo siendo
se le chorreó el helado

porque le dijeron que no pronunciaba
la *c* como los de ahí, *hablas como Cantinflas,*
el mejicano, ¿verdad?, no eres
español español, la impureza
es culpa de la madre, te secuestró
para llevarte a rastras de los indios
que creímos haber civilizado
con visas de la Cárcel Europea.

El embrujo desarrollista
arreciaba en mis córneas
coloniales: banquetas —*aceras, aceras*—
sin baches, 40 grados Celsius
de hipermercados de nueve plantas
con madroños de plástico enroscados,
los goles billonarios en la Champions
—el sol, el sol, el sol de las industrias—
y librerías sarpullido
en barrios clasemedieros, también
—hágase justicia— una calleja
donde mi esposa puede

usar escote sin miedo. El miedo
de llegar a casa de los tíos
y que México salga en la tele
con su glamur de cártel y balacera, porque
ese es vuestro país, ¿no?, la barbarie
que escogiste en lugar del paraíso.

Por la noche, cuando no se puede dormir
porque el calor copula en los bares
—un tatuaje de bilis al progreso—
un muerto recorre la casa de mis abuelos
con las falanges mal enterradas:
el caudillo ha vuelto
rojigualdo entre vítores, los niños
marroquíes deben depilarse
el color, también los del virreinato.

II

A 9052 kilómetros, diez horas tambaleantes y
quince selfis —veinte de presunción—, a
15000 pesos en cupones, siete
horas de supremacismo y menos
de mil euros para el Burger: la estepa
hipnótica donde nací
y que mi cartera aborrece. Des-
abróchese la turbulencia, buceamos
sobre el trance
triangular
de
las
Bermudas: confín eléctrico
de lo perdido, donde escojo
sacarme residencia de la vida.

III

Hijo, no te miento: fue
en el asilo del Viejo Mundo —quisiera
roer su bastón de diamantes—
cuando soleadísimo te
vi: podías
sufrir en libertad
a espaldas de mis muros,
había rascacielos para niños
y las cifras de secuestro infantil
por debajo de la norma. No quiero
que juegues en un búnker de jabón:
que las burbujas de firmeza
te lleven al colegio tú solito.

Hay posada detrás de la desdicha
pero es dañino su fulgor:
quien traiciona a la bonanza
—una tumba vidriada de quilates—
se alista al viaje sin cuartel
por las favelas del abismo.

Vámonos, nene, antes que el circo
del acaparamiento se derrumbe.
Vámonos, nene, no caigas en la trampa
bursátil a los hijos del ciclón.

VIENTRE

1. Allí donde se fecundan tres cabezas.
2. Esa quemadura que el amor siempre va izando.
3. La bóveda celeste que, en las noches de marea alta, arroja a la madre —y al padre insomne— al desamparo del cosmos.

Manual de Anatomía de las Razas Periféricas

DISTINTO

Hablo esto desde la querencia
de una paternidad alien. Vamos

a tener un hijo y no quiero
bajarme de la cuna espacial.

Apelo a la primera persona del
singular protozoario para

preñarme. Yo también quiero
tres bocas en hogar vagabundo

en busca y arrullo de casita
verbal que no sea xenofóbica.

Apelo al balbuceo nómada
de la leche postapocalíptica:

si hay un padre marsupial, que mece
el bambineto del quedarse,

un país marciano hay que parir
sin cohetes de patriarcas prófugos.

Desnombro tiranías de la evasión
con lenguaje en brazos del cariño.

ROMPIMIENTO

Llevamos más de cinco meses
viéndose romper

la vida de tu madre. Hay
una estría que conduce a la parálisis
laboral, un pezón montañoso
al globo terráqueo de la vergüenza.
Distensión. Flotamiento. Ralladura.
Despertar es desconocerse
hasta que venga el siguiente temblor.
El espejo aumenta los dolores
de un cuerpo que deserta. Otra
vez el sueño, plaga amazónica
de la eficiencia terminal,
los enjambres del tedio
y la drogadicción del olfato; más tarde
la sed ornitorrinca
de una lumbre insatisfecha: préñame, préñame
de nuevo, quiero estamparme
en la calma fogosa del castigo.

Un cuerpo se abre

para que otro aparezca. Un cuerpo

desova su muerte
con la delicia del despojo. Yo
sostengo con vida

su vida, bífido corazón
que late en el invierno de mi esposa.
Cómo amar a un parásito. Darle
las llaves del reino al invasor
y que los sótanos del tiempo se inunden
con las pócimas de Nunca Jamás.

Llevamos más de cinco meses
transformándonos en monstruos
que lactan juventud. Ella es
gigante, paquidermo alucinado
en la papilla de lo incierto. Yo
soy monstruo también: nada
crece en mí, en mi vientre insecticida
aúlla un privilegio fantasmal.
Yo gesto al embrión de las ausencias.
Cómo cargar el peso
de alguien que mis vértebras desdicen.
A todo padre lo persigue un eco
que resuena aparición.

Llevamos más de cinco meses
viéndose romper

el hueso del habla de las madres. En la lengua
—escamas sustantivas—
pesan los trescientos y tantos gramos
de tu amenaza. A los padres
es lo que nos toca: decirlo
hasta que la culpa escampe
—la culpa de dejarte a solas, querida,

en la obra negra de tu piel—, decirlo
hasta que el parto nos doble la lengua,
hasta que el nombre del hijo
preñe la boca del padre y

degüelle las caries del macho.

Hemos hecho de la crisis
un patio de juegos sin niñeras.
Hemos hecho de la crisis
la sala de partos de otro mundo.
Quiébrese todo, el himen
de la convención, los cuidados paliativos
de una tierra vampírica. Quiébrese
el país sin anestesia —fosa familiar—,
quiébrese de par en tres

la pareja primera del abismo. Nos han echado
del planeta financiero
y tenemos antojos inestables:
una vocecita interior
nos destaza del vacío.

ULTRASONIDOS

I

La vida inicia cuando escuchas
un corazón ecografiado. *Pum*
pum. Tridimensional. Fungiforme.
Epitelios al micrófono. *Pum*.
El misterio submarino está.

Antes de la nada, el mundo
en blanco y gris
de la película ósea. Todo surge
del firmamento acústico —una tarde
cámbrica en el monitor—:
el vientre donde crecen las estrellas
que sin el gel desaparecen.

Venimos a verte desde afuera
en tu sepulcro anfibio de lo dentro.
En esta salita de cine
admiro la pecera de tu mundo:
puedo ver
la tonante osamenta
de tres corazones que se ensartan
en el mismo estallido por nacer.

El eco reconstruye
una aberración maravillosa.
Amiba. Galaxia. Tundra. Monera.
Pensar en formas existentes

porque se teme lo monstruoso,
las alas de la cría matinal
contornean el imaginario
ser de baba crepitante.
Molusco. Zarpa. Aleta.
¡Ya veo la cabecita
brincadora! —Me ven, ya no me ven—,
culo, manita, culo,
ventrículo: es la boca
de un pez con hambre eterna,
el relincho de la aurícula
con que tu sangre nos ausculta.

Inmensa magnitud de lo pequeño
que llora un arrecife de sorpresas,
un rubí en la panza del amor
que abrasa los confines de la carne.

Veo cómo tus fémures se estiran
mes a mes, desgarro, madre a luto
dentro del huracán de mi cerebro
mientras aciagos pájaros de tinta
escriben la carroña del insomnio.

Madre adentro
una guayaba carnívora
nos saluda ávidamente.
Si cerramos los párpados se ve
el meteoro cordado que serás,
siluetas, hijo, para decir, *pum
pum*, tu mudo advenimiento.

II

Lo materno es lo que se oye
en la radiografía navegable
de tres corazones unidos
por una membrana de tiempo. Darles
su independencia, matrioshka
de la carne irreversible
en que la tiranía no se espesa.

Un corazón en el acuario
del otro. Pero el pulso de cuál
entona la arritmia del poder.

Porque a la madre le gritan
un ultrasonido social: tú no
debes estar sola, el marido
tampoco, atado a ti —atándote—
te ama en el secuestro
nupcial hasta que
el bebé te desflore. Eres la gestante
y nada más, le dicen, tu historia
terminó cuando te embarazaste,
tu hijo será el único que cuente
el saqueo de tu hermosura.
El marido podrá irse
por el drenaje de tu histeria,
no sin antes, eso sí, extirparle
su chequera estrepitosa.

III

Nos escuchamos para defendernos,
hijo, del mundo que nos quiere
gateando por las clínicas,
felices fotocopiados
en esa cirugía del derroche
donde tú eres el verdugo
y nosotros las cadenas. Resistimos
para que el incendio dialogue
en la yesca de nuestras yemas,
en ese hoyito incandescente

que solo a ti te reservamos
y que ni siquiera nosotros —debes saberlo—
podríamos quitarte. Aprendimos
de las bocas sin habla
de nuestros padres, de la asfixia
del amor con amenazas también.

Yo acudo a la escuela del apego
melodioso de tu madre matorral.
Ella planta solanáceas en el aire
para que el horror no florezca
—yo tuve hijos, dice, brotaron
en mi huerto que trepa hasta las nubes.

Somos tu madre y yo
el moisés de la marea,
hijo, para que platiques

a gusto con la playa, para que seas
libre en las olas de tu mente,
libre del álbum expectante.
De ti nada esperamos
porque no rezamos a las cárceles
—rezo tu bienvenido corazón—.
Todo el amor que te daremos
zarpa en las canciones
de las ondas más finas de tu noche.

Sal de tu madre, navega
y encuentra la patria
de tu trémulo horizonte. La vida
inicia cuando escuches
el agua sin lenguaje de tu nombre.
Sal de tu madre y encuentra
el mar picado en nuestra voz.

DUELOS

I

Lo supimos en el vals
de nuestra boda: ya nunca más
fugarnos en las cumbias de la infancia
al primer pisotón de la vejez,
casarse y no tener
hijos, nos dicen, *no es.*
Nunca más: la escalinata
por la que mamá y papá descienden

la catacumba conyugal
donde guardan los juguetes
noventeros que esperan que te gusten.
En la mesa de regalos
han puesto un féretro bifronte
donde puede darse el pésame
vital: mírenlos, tan muertos
y enamorados, cómanlos,
han cumplido el peaje
de una grasa beata y sin espinas.

La pareja de esposados
(cadenas de gala ya fotografía)
se hinca en el altar
donde un ídolo incorpóreo
(la célula de brasas en el aire)
succiona impúdicamente
los años que no han de volver.

Aleluya. Se necrosa la miel.
Aleluya. Se afila el velo del puñal.
Bajo el vestido de la novia
que el novio espolvorea en la velada,
nievan las bragas de la sangre
que asustan a los niños disecados.

II

Llevas a hombros
el esqueleto insepulto
de la obediencia: fuiste un hijo
tan, pero tan bueno —había que
aplacar el tifón de los hermanos—
que temiste despoblar las tumbas
donde agacharse era el premio.

Despídete ahora que fallece
el falso resplandor de tu película:
esas costas nodrizas y perennes
se anillan en la mano del destierro.
Despídete del nene
que te exhorta desde el fondo
de tu cloaca de ficción, abrázate
del hijo que dará tu nacimiento.
Quítate el disfraz
de dinosaurio que hace años
ya no te queda. Ponte
la alta cutícula del hombre
sin que te humille al despertarte.

Esta noche de fiesta
—celebramos la raja del destino—
un ascua vitelina emerge
mientras la soledad se pone la piyama:
ya nunca más
rondarás los orígenes

del clóset de tu miedo
ni las azoteas sonámbulas
de tu viveza danzante.
Nunca más quien te creías

porque eres otro: el padre que preñaste
la noche de fiesta en que nazca tu hijo.

Y que él no sufra el duelo de tu vida:
ámalo en la desobediencia
de los que tienen por casa el presente
que no guarda taxidermias del ayer.

SEGUNDO TRIMESTRE

Así la quiero yo: hedionda,
envuelta en la placenta de los días,
presta para nacer entre mis brazos
[...]
Así. Pura mujer. Sin trampas.
Pestilente. Fluvial.
Inmaculada.
RAFAEL ESPEJO

El sacramento del segundo trimestre
resucita el pecado del amor. Y yo
que creía en los altares
sin libido, el milagro celda
de la abnegación: ¡trágate la ostia
ciclópea entre mis piernas! La virgen
rebota en la pared, ordena: ¡achicharra
mi retablo!, canta, y mete tu cruz
a macerarse, exhorta,
te cabalgo porque estoy
encinta, ¡cincha! Surfeemos rebeldía
al galope bautismal: chorréame de gracia
ahora que llenarme ya no puedes,
hagamos de la comunión sin sémola
una indisciplina candeal. Árdeme
la panza que me diste, sostenla
mientras me tiroteo en tu ablución.
Úntame, implora, el desperdicio
del semen mío de cada eructo,

fulminémonos más allá
de la fértil condena
de la posesión.

Ya nada nos importa
porque hemos estriado la belleza: en mi cara
se frota tu pólipo pimienta, en mi ano
la ley esquizofrénica del tuyo. Santigua
al monaguillo que soy
con los salmos freáticos
de la insurrección de la carne, ¡órale!,
suplica, el hijo pica demasiado
y quiero que atravieses
la iglesia de la dilatación.
Envaina, muge, riega. Tiesamente agoniza.
El embarazo son las ganas
de expansión. Que el espíritu no cercene
cuando se rinda a las crines de la cama.

Seguiría rezando, pero mi diosa
me consagró a su placer, y yo reencarno
en la salpicadura de los signos.

MAR

1. El manto con que se recibe al hijo al nacer.
2. El corazón de toda resistencia.
3. El país soberano y libre —sin restricciones migratorias— que se encuentra justo en mitad del Atlántico.

Atlas Movedizo de la Pangea Incivil

LINGUA FRANCA

Un embarazo es una teoría.
Pero primero hay que suavizar
la urticaria de lo empírico.
Lo que la madre siente,
¿fibrilación de soledad? El universo
del cartílago. La soledad
del padre: dialecto
de expulsión.

Un embarazo no es traducible
al caparazón del padre a menos
que exista una lengua común
que babeé la sordera de los túneles.
De lo contrario la pareja no
texturiza lo creado.

Un habla leucocita: trenzarse
en la rareza elástica del glóbulo,
craquelar el confort del egoísmo
en el lecho sin amos de lo otro.

(SIN)RAZÓN DE TENER

No hay un claro por qué. No
hemos planeado
al hijo, al vértigo, una noche
—en el noveno ocaso de tu madre—
por el tambor ventral
donde contigo nos comunicamos
—pataditas en clave morse—
lo irreal araña nuestro azogue

hasta verterse: realidad
en rizos cauterizada, alberca
poliédrica en un único plano
que la soledad nos impedía. Nos
anudamos al tiempo ciclónico
sin telones que yugulen el espejo:

ahora vemos los ángulos de ser,
la creación
que se hace a las espaldas. Aquí,
el lenguaje distendido
que no nombra, que no sabe, que no teme,
flota, libra, bordea

las raíces de una grieta
florecida en el asfalto.

Aquí, la baldosa de esta noche
donde te sabemos: eres

la rasgadura, hijo, del velo
que lo real había tachonado
a la tramoya de la trascendencia.

Eres el ánfora con que la vida
irriga los fruteros de la muerte.

Aquí, la dimensión prismática
donde palpamos tu timbal: eres
el parlamento sin palabras
que a las vigas del teatro apolilla.
Eres el yerbajo necio
—el *yo* donde nunca me refracto—
que hace del aquí
y del doble del ahora
su inmanencia en el cemento.

Descorrer las cortinas
que cubrían el microcosmos.

Hacerse a un lado para ser.

Incrustarse en esquirlas de lo no.

UMBRAL

I

En la playa sideral, la pareja
naufraga con su herida
reflejándose en los cielos.
La bóveda se raja con la espera
del alba de la colisión.

Nunca estaremos listos
para el eclipse visceral
del alumbramiento. Esta
realidad que se desgarra

(invasión de la abertura)

y en cachos nos expele
al pésame de la supervivencia.

Nos hemos despojado de todo
pertrecho funámbulo del alma,
lo aéreo y resbaloso, suspiros
por la hégira boscosa
que ya no emprenderemos,
desnudos ante el cosmos
anémico, secamos nuestro espanto
en la orilla de los titubeos
antes de que el mar rompa en contracciones.

II

Hay noches en que puedo oler
el sabor amarillo de la palabra *hospital*.

A lo lejos ha empezado
a arder la lejanía: el tiempo
se pudre en el espejo de la arena
que deforma el incendio de las aguas.
La quilla del ahora
restalla sus presagios: nos asimos
de la borda que zarpa al precipicio

para no evaporarnos en el parto.
Porque hay noches en que oímos
un llanto que gatea en nuestros huesos.
O soñamos con el fórceps
que fractura nuestra voz

para que otra emerja. A lo lejos,
los truenos profilácticos
(centella epidural)
miden la dilatación
del tacto de nuestro miedo. Cuánto
temor a la hemorragia
que regará el mejor de los jardines.

Hay noches en que puedo ver
la puerta letal de la palabra *nacimiento*.

III

Varados, juntos, en la duna
con forma de Vía Láctea
nos gesta el temporal: pasadizo
ciático donde la luz
se mezcla con la sombra genitiva.
Es el umbral
que trae la muerte al Más Acá, la entrada
de todo lo que fue salida. Se abren

los goznes del ilion al dolor
del éter que sufre su respiro.

Hay noches en que desvelo
la lengua balbuceada de los cráteres
y su respuesta baña la penumbra:
traemos al mundo
algo que no lo era, liberamos
una muerte con sed de vida
que gime por su cáscara mortal.

Hay noches en que puedo oír
la leche tumefacta de la nada,
el país ondulante de su tumba.

Hay noches en que temo el cataclismo
de un firmamento coloidal:
el cierre
cometa de los párpados

de quien puja por unos nuevos,
el albergue hemorrágico
donde todo estalla al persistir

con tal de que un nombre gravite,
con tal de que la luna flameé,
con tal de que el mar acontezca.

ÍNDICE